DELICIAS

únicamente deliciosas recetas

INFORMACIÓN GENERAL

El grado de dificultad de las recetas de este libro se expresa
en números del 1 (sencillo) al 3 (difícil).

DELICIAS
únicamente deliciosas recetas

Currys y tajines

degustis

RINDE 4 Porciones

PREPARACIÓN 15 minutos

COCCIÓN 2 horas 15 minutos

DIFICULTAD grado 1

Curry de Res

con pimientos y cebollitas de cambray

En una sartén mediana, caliente el aceite sobre fuego medio. Agregue el ajo y las cebollas finamente picados y saltee aproximadamente 5 minutos, hasta suavizar. • Enharine las piezas de res y añada a la sartén. Saltee aproximadamente 7 u 8 minutos, hasta que se doren. • Agregue el vino y cocine alrededor de 4 minutos, hasta que se evapore. • Añada los pimientos, cebollitas y zanahorias a la sartén e integre el polvo de curry o garam marsala, páprika y caldo de res. Sazone con sal y pimienta. Tape la sartén y hierva a fuego lento aproximadamente 2 horas, hasta que la carne esté muy suave. • Sírvalo bien caliente acompañando con arroz basmati recién cocido.

4 cucharadas de aceite de oliva extra virgen

1 cebolla mediana, finamente picada

3 dientes de ajo, finamente picados

2 kg (2 lb) de pulpa de res, cortada en trozos pequeños

$^1/_2$ taza (75 g) de harina de trigo (simple)

$^1/_2$ taza (125 ml) de vino blanco seco

$^1/_2$ taza (125 ml) de caldo de res

500 g (1 lb) de pimientos (capsicums) verdes y rojos, sin semillas y rebanados

350 g (12 oz) de cebollitas de cambray

2 zanahorias grandes, rebanadas

1 cucharada de polvo de curry o garam marsala

1 cucharadita de páprika picante

Sal y pimienta negra recién molida

Arroz basmati recién cocido, para acompañar

Curry Verde

con pollo y ejotes

En una sartén mediana sobre fuego medio, mezcle la crema de coco y la pasta de curry. Hierva, moviendo constantemente. Reduzca el fuego y hierva a fuego lento aproximadamente 10 minutos, moviendo constantemente, hasta que se evaporen casi todos los líquidos y el aceite y las partes sólidas de la crema de coco se hayan separado.
• Integre la leche de coco, la salsa de pescado y el azúcar morena y déjelo a que hierva. Hierva a fuego lento alrededor de 5 minutos, hasta que la salsa empiece a espesar. • Sazone el pollo con la sal y la pimienta y agréguelo a la sartén en tandas. Revuelva hasta que todas las piezas estén separadas y cubiertas con la salsa. • Añada las cebollas, ejotes, hongos y pimientos y cocine a fuego bajo 15 ó 20 minutos, hasta que las verduras estén suaves. Retire del calor e integre el chile, el jugo de limón, albahaca y el cilantro. • Sírvalo bien caliente con el arroz.

1 taza (250 ml) de crema de coco

4 cucharadas de pasta de curry verde

1 lata (400 g/14 oz) de leche de coco sin edulcorantes

2 cucharadas de salsa de pescado

2 cucharadas de azúcar morena

1 kg (2 lb) de pechugas de pollo, sin piel ni hueso, cortadas en trozos pequeños

Sal y pimienta negra recién molida

1 cebolla mediana, picada grueso

350 g (12 oz) de ejotes, sin las puntas y cortados en trozos pequeños

180 g (6 oz) de champiñones blancos, limpios y rebanados

1 pimiento (capsicum) rojo, sin semillas y cortado en tiras delgadas

1 chile verde fresco, finamente picado

2 cucharadas de jugo de limón fresco

4 cucharadas de albahaca fresca, picada grueso

4 cucharadas de cilantro, picado grueso

Arroz tai o basmati recién cocido, para acompañar

RINDE de 4 a 6 porciones

PREPARACIÓN 15 minutos

COCCIÓN 45 minutos

DIFICULTAD grado 2

Curry de Pollo

con coco y piña

Caliente una sartén grande o un wok sobre fuego bajo y agregue el aceite de chile. • Añada la cebolla, pimientos, pasta de curry, jengibre, ajo, páprika, cúrcuma y nueces de la India. Saltee 2 minutos, hasta que aromatice. Retire del fuego e integre el jugo de piña. • Regrese a calor bajo y añada las hojas de curry, hojas de laurel, salsa de soya y azúcar morena. Incorpore la leche de coco. Déjelo a que hierva. Deje cocinar a fuego lento durante 15 minutos o hasta que la salsa se reduzca una tercera parte. Retire del fuego, saque las hojas de laurel y de curry. • Licue con una licuadora manual hasta que quede cremosa. • Añada el pollo, tallos de bambú y jitomates. Vuelva a colocar sobre el fuego y cuézalo a fuego lento 15 ó 20 minutos, hasta que el pollo esté cocido. • Saque el pollo y coloque en un platón cubierto con una cama de arroz basmati. • Añada el jugo de limón, piña y cilantro a la salsa y mezcle sobre fuego alto 1 ó 2 minutos. Sazone con sal y, usando una cuchara, viértala sobre el pollo y el arroz. • Sirva caliente.

2 cucharadas de aceite de chile

1 cebolla mediana, finamente picada

$1/2$ pimiento (capsicum) rojo, sin semillas y finamente rebanado

2 cucharaditas de pasta de curry

4 dientes de ajo, finamente picados

1 cucharadita de jengibre, finamente picado

1 cucharadita de páprika dulce

$1/2$ cucharadita de cúrcuma molida

$1/2$ taza (50 g) de nueces de la India

2 cucharadas de jugo de piña de lata

6 hojas de curry

2 hojas de laurel

1 cucharadita de salsa de soya oscura

1 cucharadita de azúcar morena

$3^{1}/_{2}$ tazas (900 ml) de leche de coco sin edulcorantes

4 pechugas de pollo deshuesadas y sin piel, cortadas en cubos

250 g (8 oz) de tallos de bambú, rebanados

10 jitomates cereza

El jugo de $1/2$ limón

1 lata (200 g/7 oz) de piña en almíbar, en cubos y escurrida

1 manojo generoso de cilantro fresco, finamente picado

Sal

Arroz basmati recién cocido, para acompañar

RINDE de 4 a 6 porciones

PREPARACIÓN 20 minutos

COCCIÓN 25 minutos

DIFICULTAD grado 1

Camarones Salteados

con cuscús

En una sartén o en un wok grande caliente 2 cucharadas de aceite sobre fuego medio-alto. Añada los camarones y sazone con sal y pimienta. Saltee los camarones aproximadamente 4 minutos, hasta que tomen un color rosado. Retire de la sartén y reserve. • Caliente las 2 cucharadas restantes de aceite de oliva en la misma sartén sobre fuego medio. Añada las semillas de mostaza y comino y tuéstelas alrededor de un minuto, hasta que las semillas de mostaza empiecen a reventar. • Añada los ajos, cebollas y zanahorias y saltee aproximadamente 5 ó 7 minutos, hasta que se suavicen. • Agregue el cuscús, chícharos y agua y cocine de 7 a 9 minutos, moviendo constantemente, hasta que los chícharos estén bien cocidos. • Retire del fuego y tape. Deje reposar alrededor de 5 minutos, hasta que el cuscús esté suave. • Pase el cuscús a un tazón de servicio y adorne con los camarones y el cilantro. • Sirva caliente.

4 cucharadas de aceite de oliva extra virgen

750 g (1½ lb) de camarón mediano (langostinos), sin piel y con su cola

Sal y pimienta negra recién molida

1 cucharadita de semillas de mostaza

½ cucharadita de semillas de comino

4 dientes de ajo, finamente picados

2 cebollas blancas medianas, rebanadas finamente

2 zanahorias, ralladas

1½ taza (350 g) de cuscús instantáneo

1 taza (150 g) de chícharos congelados

3 tazas (750 ml) de agua hirviendo

1 cucharada de cilantro, finamente picado

Salteado Tropical

con arroz y camarones

En una sartén o wok grande mezcle los camarones, jugo de limón, ajo, páprika y pimienta de cayena con los aceites de ajonjolí y de cacahuate, hasta integrar todos los sabores. • Coloque la sartén sobre fuego medio-alto y saltee durante 8 minutos. • Añada los pimientos y las cebollitas de cambray. Saltee aproximadamente 4 minutos, hasta que los pimientos se suavicen ligeramente. Agregue los chícharos chinos, las vainas de chícharo, salsa de soya, mezcla de fécula y la sal. Saltee 4 ó 5 minutos, hasta que los líquidos se evaporen y las verduras estén cocidas. • Incorpore el arroz hasta que esté caliente. • Sirva caliente.

500 g (1 lb) de camarones (langostinos), sin piel y con cola

2 cucharadas de jugo de limón fresco

4 dientes de ajo, finamente picados

$1/4$ cucharadita de páprika dulce

$1/4$ cucharadita de pimienta de cayena

2 cucharadas de aceite de ajonjolí asiático

2 cucharadas de aceite de cacahuate

1 pimiento (capsicum) verde, sin semillas y rebanado finamente

4 cebollitas de cambray, únicamente sus partes blancas y verde claro, limpias y finamente picadas

250 g (8 oz) de chícharo chino

125 g (4 oz) chícharo nieve (mangetout)

3 cucharadas de salsa de soya ligera

2 cucharadas de fécula de maíz (maicena) disuelta en $3/4$ taza (180ml) de caldo de verduras

$1/2$ cucharadita de sal

2 tazas (400 g) de arroz de grano largo, cocido

RINDE 4 porciones

PREPARACIÓN 15 minutos

COCCIÓN 15 minutos

DIFICULTAD grado 1

Salteado de Camarones

con nueces y chutney de mango

Caliente una sartén o un wok grande y caliente el aceite sobre fuego medio-alto. • Añada las nueces, camarones y ajo. Saltee aproximadamente 3 minutos, hasta que los camarones tomen un color rosado. Retire con una cuchara ranurada y reserve. • Añada las zanahorias, calabacitas y pimientos y saltee aproximadamente 5 minutos, hasta que estén suaves y crujientes. • Integre el chutney de mango y hierva a fuego lento durante 2 minutos. • Regrese los camarones y las nueces a la sartén o wok junto con la piña y la salsa de soya. Saltee sobre fuego alto durante un minuto. • Sirva caliente con el arroz recién cocido.

2 cucharadas de aceite de cacahuate

1¼ taza (125 g) de nueces, molidas grueso

500 g (1 lb) de camarón (langostinos), sin piel y con sus colas

4 dientes de ajo, finamente picados

4 zanahorias, finamente rebanadas

2 calabacitas grandes (courgettes), rebanadas

1 pimiento (capsicum) verde, sin semillas y cortado en tiras delgadas

¼ taza (60 g) de chutney de mango en trozo

1 lata (250 g/8 oz) de trozos de piña, escurridos

2 cucharadas de salsa de soya oscura

Arroz tai o basmati cocido, para acompañar

RINDE 4 porciones

PREPARACIÓN 20 minutos

COCCIÓN 1 hora 25 minutos

DIFICULTAD grado 1

Curry de Cordero

con almendras y cardamomo

Pasta de Curry: En un mortero o molcajete machaque el ajo con los chiles, cebolla y sal. Integre las almendras y el agua para hacer una pasta suave. Reserve. • Curry: En una sartén grande caliente la mantequilla y el aceite sobre fuego medio. Añada el cardamomo y la canela y revuelva 10 segundos para que suelten el sabor. Añada la pasta de curry y cocine 5 minutos, moviendo constantemente. • Añada el cordero y saltee de 8 a 10 minutos, hasta que se dore. Sazone con sal. • Agregue el yogurt y suficiente agua para que cubra la carne. Tape la sartén y deje que se cueza a fuego lento por 45 minutos. Destape y déjelo hervir a fuego lento aproximadamente 15 minutos, hasta que la carne se suavice y la salsa se reduzca. • Añada la crema y déjelo hervir moviéndolo constantemente. Integre el cardamomo y sazone con sal y pimienta. Retire la canela. Adorne con el cilantro y las almendras. • Sírvalo caliente con el arroz.

Pasta de curry:
2 dientes de ajo, finamente picados
2 chiles jalapeños sin semillas y finamente picados
1 cebolla pequeña, finamente picada
$\frac{1}{2}$ cucharadita de sal
2 cucharadas de almendras picadas
1 cucharadita de agua

Curry:
$1\frac{1}{2}$ cucharada de mantequilla
1 cucharada de aceite de girasol
4 vainas de cardamomo verde, machacadas
1 raja de canela
750 g ($1\frac{1}{2}$ lb) de pierna de cordero, deshuesada y cortada en cubos
Sal
3 cucharadas de yogurt natural
Aproximadamente 1 taza (250 ml) de agua
$\frac{2}{3}$ taza (150 ml) de crema ligera
$\frac{1}{2}$ cucharadita de cardamomo molido
Pimienta blanca recién molida
1 cucharada de cilantro, picado, para decorar
1 cucharada de hojuelas de almendras, tostadas
Arroz basmati cocido, para acompañar

RINDE 4 porciones

PREPARACIÓN 15 minutos

COCCIÓN 50 minutos

DIFICULTAD grado 1

Curry de Verduras

con cuscús

Caliente el aceite en una sartén o en un tajín a fuego medio-alto. Añada las cebollas y el ajo y saltee aproximadamente 5 minutos, hasta suavizar. • Añada los pimientos, berenjena, papas, calabacín, elotes y garbanzos. Revuelva bien y saltee aproximadamente 5 minutos, hasta que las verduras se empiecen a suavizar. Añada la sal, pimienta, chiles, jitomates, harissa, comino y caldo de pollo. Mezcle y tape herméticamente para que no se salga el vapor. Reduzca el calor y cocine a fuego muy lento aproximadamente 35 minutos, hasta que las verduras estén suaves. • Adorne con el cilantro y sírvalo bien caliente con el cuscús.

3 cucharadas de aceite de oliva extra virgen

1 cebolla morada, finamente picada

1 cebolla blanca, finamente picada

2 dientes de ajo, finamente picados

3 pimientos (capsicums) de diferentes colores, rebanados y sin semillas

2 berenjenas (aubergines) medianas, sin pelar y picadas

4 papas medianas, sin pelar y cortadas en cubos pequeños

1 calabacín grande o 2 calabacitas (courgettes), rebanado

8 elotitos

1 lata (400 g/14 oz) de garbanzos, escurridos

1 cucharadita de sal

$\frac{1}{2}$ cucharadita de pimienta negra recién molida

1 ó 2 chiles rojos frescos, finamente picados

1 lata (400 g/14 oz) de jitomates, picados con su jugo

1 cucharada de puré de jitomate

1 cucharada de harrisa

$\frac{1}{2}$ cucharadita de semillas de comino

2 tazas (500 ml) de caldo de pollo

2 cucharadas de cilantro, finamente picado

Cuscús recién cocido, para acompañar

13

RINDE 4 porciones

PREPARACIÓN 15 minutos

COCCIÓN 12 minutos

DIFICULTAD grado 1

Camarones con Chile

con fideo de arroz

Caliente una sartén grande o wok sobre fuego alto. Añada el aceite de cacahuate moviéndolo rápidamente para cubrir las orillas. • Añada las cebollitas de cambray, el ajo y el jengibre y saltee por un minuto. • Añada los camarones y saltee aproximadamente 3 minutos, hasta que los camarones tomen un color rosado. Retire y reserve. • Añada los jitomates a la sartén o wok y mezcle a fuego alto aproximadamente 5 minutos, hasta que el jitomate se reduzca y se suavice. • Disuelva la fécula de maíz en el vinagre de arroz. • Añada el chile sambal, el azúcar morena, el vino de arroz y la mezcla del vinagre a la sartén o wok y cocine alrededor de 2 minutos, hasta que la salsa espese ligeramente. • Regrese los camarones a la sartén o wok y cocine hasta que estén muy calientes. • Sírvalo bien caliente sobre el fideo y decore con cebollita finamente picada.

2 cucharadas de aceite de cacahuate

6 cebollitas de cambray, limpias y rebanadas

4 dientes de ajo, finamente picados

1 cucharada de jengibre fresco, finamente picado

750 g (1½ lb) de camarones (langostinos), sin piel y desvenados

1 lata (400 g/4 oz) de jitomates con su jugo

1 cucharada de vinagre de arroz

2 cucharaditas de fécula de maíz (maicena)

1 cucharada de sambal (salsa de chile rojo muy picante)

1 cucharada de azúcar morena

2 cucharadas de vino de arroz chino o jerez seco

500 g (1 lb) de fideo de arroz, remojado en agua hirviendo por 5 minutos, o preparado de acuerdo a las instrucciones del paquete

Cebollitas de cambray, finamente picadas, para adornar

RINDE 4 porciones

PREPARACIÓN 15 minutos

COCCIÓN 35 minutos

DIFICULTAD grado 2

Curry Verde

con coco y camarones

Caliente la pasta de curry y la mitad de la leche de coco en una sartén a fuego medio hasta que aromatice y empiece a hervir.
• Añada la berenjena, mezcle con la salsa y cocine por 3 minutos.
• Añada los ejotes y el pimiento. Revuelva; tape y cocine 5 ó 7 minutos. • Agregue las calabacitas, calabaza amarilla, tallos de bambú, la leche de coco restante y la salsa de pescado. • Cuando los vegetales estén suaves, pero aún al dente, añada los camarones y la albahaca. Añada un poco del caldo de verduras o agua si el curry está muy seco. • Cocine hasta que los camarones tomen un tono rosado. Rectifique la sazón con sal. Retire del fuego. • Adorne con la menta y las rebanadas de limón. Sirva caliente con el arroz.

1 cucharada de pasta de curry verde

1²⁄₃ taza (400 ml) de leche de coco sin edulcorantes

1 berenjena (aubergine) grande que pese alrededor de 250 g (8 oz), cortada en cubos pequeños

250 g (8 oz) de ejotes, sin las puntas y picados

1 pimiento (capsicum) rojo, rebanado en tiras largas de 5 cm

1 calabacita (courgette), cortada longitudinalmente a la mitad y después en medias lunas

1 calabaza amarilla, cortada en medias lunas

¹⁄₂ taza (100 g) de tallos de bambú o germinado de soya

12 hojas de albahaca fresca, troceadas

1 cucharadita de salsa de pescado tai

500 g (1 lb) de camarones (langostinos) grandes

¹⁄₂ taza (125 ml) de agua o consomé de verduras

1 rama pequeña de menta, para adornar

1 limón, cortado en cuartos, para adornar

Arroz jazmín tai recién cocido

16

RINDE 4 porciones

PREPARACIÓN 15 minutos

COCCIÓN 15 minutos

DIFICULTAD grado 1

Curry de Mariscos

con leche de coco

Caliente el aceite en una sartén o en un wok mediano a fuego medio. Agregue la cebolla y saltee aproximadamente 5 minutos, hasta que suavice. • Añada el ajo y el jengibre y cocine por unos segundos. • Agregue la pasta de curry y el puré de jitomate y saltee aproximadamente 1 minuto, hasta que aromatice. • Añada los trozos de pescado y los camarones y mezcle hasta cubrir con la salsa. Integre la leche de coco, caldo y azúcar y sazone con sal y pimienta. Caliente y cuando suelte el hervor reduzca el fuego a bajo. Cocine 5 ó10 minutos, hasta que el marisco esté cocido • Incorpore el jugo de limón y el cilantro. • Usando una cuchara pase un poco del arroz a tazones individuales de servicio y añada el curry. Adorne cada plato con hojas de cilantro y una rebanada de limón.

• Sirva caliente.

2 cucharadas de aceite de cacahuate
1 cebolla mediana, finamente rebanada
2 dientes de ajo, finamente picados
1 cucharadita de jengibre fresco, picado
2 cucharadas de pasta de curry suave
1 cucharada de puré de jitomate
500 g (1 lb) de filete de pescado blanco (como la perca o el abadejo), cortado en trozos pequeños
350 g (12 oz) de camarones (langostinos), sin piel y con cola
2 tazas (500 ml) de leche de coco de lata sin edulcorantes
1/4 taza (60 ml) de caldo de pescado o de pollo
1 cucharadita de azúcar
Sal y pimienta negra recién molida
2 cucharadas de jugo de limón fresco
2 cucharadas de cilantro, finamente picado, más algunas hojas para adornar
Arroz tai recién cocido, para acompañar
Rebanadas de limón, para acompañar

Curry Hindú

con camarones gigantes

Caliente el aceite en una sartén o wok grande a fuego medio. Añada las cebollas, comino, y semillas de mostaza aproximadamente 7 u 8 minutos, hasta que estén doradas. •Añada el ajo, pasta de curry roja y las hojas de curry, si las usa, y mezcle alrededor de 2 minutos, hasta que las especias aromaticen. • Añada los camarones, cúrcuma, sal y mezcle bien. Hierva a fuego lento alrededor de 3 minutos, moviendo ocasionalmente, hasta que los camarones tomen un tono rosado. • Agregue los jitomates y la salsa de tamarindo. Tape la sartén y hierva a fuego lento durante 5 minutos. • Añada la leche de coco y mezcle sobre fuego alto 2 minutos. • Adorne con el cilantro. Sirva caliente con el arroz y el pan naan.

$1/4$ (60 ml) de aceite de cacahuate
2 cebollas medianas, finamente rebanadas
1 cucharadita de semillas de comino
$1/2$ cucharadita de semillas de mostaza
4 dientes de ajo, finamente picados
2 cucharaditas de pasta de curry rojo
4 hojas de curry (opcional)
500 g (1 lb) de camarones gigantes, desvenados
$1/2$ cucharadita de cúrcuma molida
$1/4$ cucharadita de sal
2 jitomates medianos, picados
2 cucharaditas de pasta de tamarindo
$1/2$ taza (60 ml) de leche de coco sin edulcorantes
Cilantro fresco, finamente picado
Pan naan recién horneado, para acompañar
Arroz basmati recién cocido, para acompañar

RINDE 4 porciones

PREPARACIÓN 20 minutos

COCCIÓN 2 horas

DIFICULTAD grado 2

Tajín de Cordero

con pasas, almendras y miel de abeja

En una sartén grande sobre fuego bajo, tueste el azafrán 2 ó 3 minutos, hasta que esté quebradizo. Desmorone sobre una taza. Añada al agua hirviendo y déjelo infundirse 10 minutos. • Caliente el aceite con la mantequilla en un tajín o sartén grande sobre fuego medio-alto. Añada el jengibre, sal, pimienta, cúrcuma, cebolla rallada y ajo. Saltee 30 segundos. • Añada el cordero y mezcle, moviendo bien, aproximadamente 3 minutos, hasta que la carne esté bien cubierta con la mezcla de especias. • Agregue las cebollas picadas, el agua con el azafrán y la miel. Ponga suficiente agua para cubrir la carne. Tape y deje hervir a fuego medio-bajo alrededor de una hora y media, hasta que la carne esté casi suave. Mezcle mientras cocina, añada más agua si fuera necesario para evitar que la salsa se seque. • Después de que el tajín se haya cocido, alrededor de 45 minutos, coloque las pasas, chabacanos e higos en un tazón y agregue un cucharón del líquido de cocimiento, el jugo del limón y un poco de agua caliente. Déjelo reposar por 30 minutos. • Alrededor de 30 minutos antes de terminar la cocción, cuando la carne esté casi suave, añada la mezcla de fruta y las ramitas de canela al tajín. Tape y deje hervir a fuego lento hasta que la carne esté totalmente suave. • Sazone con sal y pimienta. Deseche la canela y espolvoree con las almendras y el cilantro. • Sirva caliente con el cuscús.

1/4 taza de hilos de azafrán
3 cucharadas de agua hirviendo o más si fuera necesario
1/4 taza (60 ml) de aceite de girasol
3 cucharadas de mantequilla
1 cucharada de jengibre fresco, finamente picado
1 cucharadita de sal
1/2 cucharadita de pimienta blanca recién molida
1/2 cucharadita de cúrcuma molida
3 cebollas pequeñas, 1 rallada finamente y 2 picadas grueso
3 dientes de ajo, finamente picados
1.2 kg (2 1/2 lb) de cordero, deshuesado y cortado en cubos pequeños
1 cucharada de miel de abeja
3/4 taza 150 g de pasitas
1/2 taza (100 g) de chabacanos secos, partidos a la mitad
2 higos secos, cortados en cuartos
El jugo de un limón
3 ramitas de canela de 5 cm (2 in)
Sal y pimienta negra recién molida
1 1/3 taza (120 g) de hojuelas de almendras tostadas, para adornar
1 cucharada de cilantro, finamente picado
Cuscús recién hecho, para acompañar

RINDE de 4 a 6 porciones

PREPARACIÓN 15 minutos

COCCIÓN 50 minutos

DIFICULTAD grado 1

Tajín de Pollo

con garbanzos y cebollas

En una sartén o tajín grande caliente el aceite sobre fuego medio. Añada las cebollas y saltee aproximadamente 5 minutos, hasta que estén ligeramente doradas y suaves. • Añada los pimientos, zanahorias y pollo. Espolvoree con el chile molido, páprika, sal y pimienta. • Reduzca a fuego bajo y añada el elote, jitomates, puré de jitomate, harissa y caldo de pollo; mézclelo bien. • Tape y déjelo hervir a fuego lento alrededor de 30 minutos, hasta que el pollo esté cocido. • Añada los garbanzos. Tape y déjelo cocinar aproximadamente 10 minutos más, hasta que los garbanzos estén bien calientes. • Destape y adorne con el cilantro picado. • Sirva bien caliente con el cuscús.

2 cucharadas de aceite de oliva extra virgen

2 cebollas, finamente picadas

1 pimiento (capsicum) rojo, sin semillas y rebanado

1 pimiento (capsicum) verde, sin semillas y rebanado

2 zanahorias medianas, cortadas en trozos grandes

1 pollo de aproximadamente 1 kg (2 lb), sin piel y cortado en 8 piezas

1 cucharadita de chile rojo molido

1 cucharadita de páprika dulce

1 cucharadita de sal

$\frac{1}{2}$ cucharadita de pimienta negra

2 elotes dulces, cortados en tres piezas cada uno

1 lata (400 g/14 Oz) de jitomates, troceados, con su jugo

1 cucharada de puré de jitomate

1 cucharada de harissa

2 tazas (500 ml) de caldo de pollo

1 lata (400 g/14 oz) de garbanzos, escurridos

1 cucharada de cilantro, finamente picado

Cuscús recién cocido, para acompañar

RINDE 4 porciones

PREPARACIÓN 10 minutos

COCCIÓN 45 minutos

DIFICULTAD grado 1

Estofado de Res Sazonado

con plátano y leche de coco

En un tazón poco profundo mezcle la harina, sal, pimienta y chile en polvo. • Añada los trozos de carne y cúbralos bien. • Caliente el aceite en una sartén mediana sobre fuego medio-alto. Añada las semillas de ajonjolí. Mezcle algunos segundos y añada la carne. Saltee 8 ó 10 minutos, hasta que se dore. • Baje el calor y añada las cebollas, elote, papas, ajo, jengibre, jitomates y la salsa Tabasco. Deje cocer a fuego lento aproximadamente 20 minutos, moviendo ocasionalmente, hasta que los jitomates se reduzcan. • Integre la leche de coco, los plátanos y los ejotes. Hierva a fuego lento aproximadamente 30 minutos, hasta que la carne esté suave y el líquido se haya espesado.
• Espolvoree con el eneldo fresco y revuelva. Sirva sobre el arroz o acompañado de pan naan.

4 cucharadas de harina de trigo (simple)

1 cucharadita de sal

1 cucharadita de pimienta negra

1 cucharadita de chile molido en polvo

1 1/2 de carne magra de res, cortada en rebanadas finas

2 cucharadas de aceite de oliva extra virgen

2 cucharadas de semillas de ajonjolí

2 cebollas medianas, finamente picadas

8 elotitos

12 papas cambray, bien lavadas

2 dientes de ajo, finamente picados

1 cucharadita de jengibre fresco, finamente picado

500 g (1lb) de jitomates, sin piel y picados

1 cucharadita de salsa Tabasco

2 latas (100-g/3 1/2-oz) de leche de coco sin edulcorante

2 plátanos, cortados en rebanadas finas

1 taza (150 g) de ejotes congelados

Un manojo de eneldo fresco, finamente picado

Arroz basmati recién cocido o pan naan, para acompañar

RINDE 4 PORCIONES
PREPARACIÓN 15 MINUTOS + 15 MINUTOS DE REPOSO
COCCIÓN 1 HORA
DIFICULTAD GRADO 1

Horneado Sencillo

con pollo y chabacanos

Precaliente el horno a 190°C (375°F/gas 5). • En un refractario coloque las piezas de pollo. Cúbralas con los chabacanos, papas, chícharos y cilantro. Espolvoree con la sopa de cebolla en polvo y sazone ligeramente con sal y pimienta. • Añada suficiente vino al almíbar reservado para obtener 1½ taza de líquido. Agréguelo a los ingredientes del refractario y deje reposar 15 minutos. • Mézclelo con cuidado y tápelo herméticamente. Hornee una hora o hasta que el pollo esté muy suave. Revíselo de vez en cuando añadiendo más vino si la salsa se reseca. • Sirva bien caliente.

1 kg (2 lb) de piezas de pollo
1 lata (400 g/14 oz) de chabacanos, sin su almíbar, reservar el almíbar
500 g (1 lb) de papas cambray pequeñas, enteras y talladas
1½ taza (250 g) de chícharos congelados, descongelados
Un manojo de hojas de cilantro fresco, picadas
1 paquete de sopa de cebolla en polvo
Sal y pimienta negra recién molida
Aproximadamente 1 taza (250 ml) de vino blanco seco

RINDE 4 porciones

PREPARACIÓN 40 minutos

COCCIÓN 1 hora 30 minutos

DIFICULTAD grado 2

Tajín de Pollo

con calabacitas y aceitunas

En una sartén o en un tajín grande sobre fuego alto, caliente 3 cucharadas del aceite. Añada el pollo y saltee 7 ó 9 minutos, hasta que la carne esté blanca. Retire el pollo y reserve. Añada el aceite restante y las calabacitas y saltee alrededor de 5 minutos, hasta que se doren. Retire las calabacitas y reserve. • En el mismo aceite saltee las cebollas aproximadamente 5 minutos, hasta que se suavicen. • Agregue los jitomates y cocine 5 minutos. • Añada el pollo, calabacitas, aceitunas, limones en conserva, la mitad del perejil, la mitad del cilantro, el caldo, los clavos y la canela. Sazone con sal y pimienta. Tape parcialmente y déjelo hervir a fuego muy bajo alrededor de una hora. • Adorne con el perejil y el cilantro restante. • Sirva caliente con el cuscús.

4 jitomates grandes, sin piel y picados

$1/2$ taza (125 ml) de aceite de oliva extra virgen

1 kg (2 lb) de pechugas de pollo, deshuesadas y sin piel, cortadas en cubos pequeños

4 calabacitas (courgettes), cortadas en cubos

3 cebollas, finamente picadas

3 jitomates maduros, sin piel, sin semillas y cortados en trozos grandes

$1\frac{1}{4}$ taza (125 g) de aceitunas negras, deshuesadas

2 limones en conserva

1 cucharada de perejil, finamente picado

1 manojo pequeño de cilantro, picado

1 taza (250 ml) de caldo de pollo

2 clavos

$1/4$ cucharadita de canela en polvo

Sal y pimienta recién molida

Cuscús recién cocido, para acompañar

RINDE 4 porciones

PREPARACIÓN 15 minutos

COCCIÓN 50 minutos

DIFICULTAD grado 2

Tajín de Pollo

con fruta

En una sartén o en un tajín grande derrita la mantequilla a fuego medio. Añada las peras y saltee 2 minutos. • Espolvoree con el cardamomo molido. Añada la miel y voltee las peras con cuidado, hasta que queden ligeramente caramelizadas por todos lados. Con una cuchara ranurada saque las peras y reserve. • Añada el aceite a la sartén o tajín y saltee las cebollas a fuego bajo de 7 a 8 minutos, hasta que se doren. • Agregue el pollo, el azafrán y el jengibre. Sazone con sal y pimienta. Saltee a calor medio-alto alrededor de 5 minutos, hasta que el pollo esté dorado por todos lados. • Añada las rajas de canela, las pasas y el cilantro. Agregue el jugo del limón y el agua. Déjelo a que hierva y tape. Hierva a fuego lento 20 ó 25 minutos, hasta que el pollo esté bien cocido. • Regrese las peras a la sartén y agregue las cáscaras de naranja, las rebanadas de naranja y el jugo de naranja. Destápelo y déjelo hervir a fuego lento 10 minutos. • Deseche el cilantro y las rajas de canela. • Espolvoree con las almendras y sirva bien caliente acompañando con el arroz integral.

4 cucharadas (60 g) de mantequilla

4 peras maduras, sin piel, descorazonadas y cortadas en cuartos

1/4 cucharadita de cardamomo molido

1/4 taza (60 ml) de miel de abeja

1/4 taza (60 ml) de aceite de oliva extra virgen

2 cebollas, finamente picadas

2 pechugas de pollo, deshuesadas y sin piel, cortadas en 2 ó 4 piezas

1/8 cucharadita de hilos de azafrán, desmoronado

2 cucharaditas de jengibre fresco, finamente picado

Sal y pimienta negra recién molida

2 rajas de canela, partidas a la mitad

1/3 taza (50 g) de pasitas amarillas (sultanas) remojadas en agua tibia por 15 minutos y escurridas

1 manojo de cilantro fresco, amarrado con un hilo

El jugo de 1 limón

1 taza (250 ml) de agua

4 tiras de cáscara de naranja

3 rebanadas de naranja, partidas a la mitad

2 cucharadas de jugo de naranja fresco

2 cucharadas de almendras, ligeramente tostadas

Arroz integral recién cocido, para acompañar

Cuscús

con pimientos y papas

En una sartén grande caliente el aceite a calor medio. Añada las cebollas, las semillas de comino, y el ajo y saltee aproximadamente 5 minutos, hasta que las cebollas estén suaves. • Añada la páprika, los jitomates, el azúcar, la sal, el chile en polvo, el cilantro, el garam masala, el caldo de pollo, los pimientos, la berenjena y las calabacitas. Revuelva hasta integrar por completo sobre fuego medio durante unos minutos. • Tápelo y déjelo hervir a calor bajo alrededor de 25 minutos, hasta que las verduras estén suaves. • Agregue el perejil, el eneldo, las aceitunas y los chabacanos. • Mientras tanto, prepare el cuscús de acuerdo a las instrucciones del paquete. • Ponga el cuscús en un platón de servicio grande. • Cubra con las verduras y la salsa y sírvalo bien caliente.

4 cucharadas de aceite de oliva extra virgen

1 cebolla grande, finamente picada

$\frac{1}{2}$ cucharadita de semillas de comino

2 dientes de ajo, finamente picados

1 cucharadita de páprika dulce

1 lata de jitomates (400 g/14 oz) con su jugo

1 cucharadita de azúcar

1 cucharadita de sal

1 cucharadita de chile en polvo

2 cucharadas de semillas de cilantro, molidas

1 cucharadita de garam masala

2 tazas (500 ml) de caldo de pollo

3 pimientos (capsicums) de diferentes colores, sin semillas y rebanados finamente

2 berenjenas (aubergines) con cáscara, picadas

2 calabacitas (courgettes), rebanadas a lo largo

2 papas medianas, cortadas en trozos pequeños

2 cucharadas de perejil, finamente picado

2 cucharadas de eneldo, finamente picado

10 aceitunas negras

5 chabacanos secos, cortados en trozos

500 g (1 lb) de cuscús precocido

RINDE 6 porciones
PREPARACIÓN 40 minutos + 3 horas
para marinar
COCCIÓN 35 minutos
DIFICULTAD grado 2

Tajín
con pescado rape marinado

Chermoula: En un mortero o molcajete machaque el ajo con la sal hasta obtener una pasta tersa. • Añada el aceite, el cilantro, la páprika, el comino, la pimienta de cayena y el jugo del limón. Unte el pescado con ⅓ partes de la mezcla y déjelo marinar en el refrigerador 3 horas. Reserve la chermoula restante en otro tazón. • Salsa: mezcle el ajo, el aceite, el jengibre, la sal y la pimienta blanca con el chermoula restante y añada la mezcla de azafrán. Reserve. • Ponga las tiras de pimiento en forma de cruz en la base de la sartén o tajín. Coloque el pescado sobre los pimientos. Añada las aceitunas y los jitomates cereza. Ponga ¾ partes de la salsa sobre el pescado y cubra con los jitomates. Bañe con la salsa restante. • Tape y deje que se cocine a fuego medio-bajo por 30 minutos. Sazone con la sal y la pimienta. • Si la salsa está muy líquida cambie el pescado a un plato caliente, ponga a hervir la salsa a calor alto por unos minutos hasta que espese. • Regrese el pescado a la sartén y añada las tiras de limón. Hierva a fuego lento 5 minutos. • Espolvoree con el cilantro. Sírvalo bien caliente con el cuscús.

Chermoula:
2 dientes de ajo
1 cucharadita de sal
3 cucharadas de aceite de oliva extra virgen
4 cucharadas de cilantro fresco, finamente picado
2 cucharadas de páprika dulce
1 cucharadita de semillas de comino, molidas
¼ cucharadita de pimienta de cayena
El jugo de 1 limón grande

1 kg (2 lb) de filete de rape, cortado en cubos

Salsa:
2 dientes de ajo, finamente rebanados
5 cucharadas de aceite de oliva extra virgen
1 cucharadita de jengibre fresco, finamente rallado
½ cucharadita de sal
½ cucharadita de pimienta blanca recién molida
½ cucharadita de hilos de azafrán remojados en ½ taza (125 ml) de agua hirviendo; o 2 cucharaditas de cúrcuma molida en ½ taza (125 ml) de agua fría
3 pimientos (capsicums) verdes grandes, asados, sin piel y cortados en tiras finas
15 aceitunas negras en aceite
6 jitomates cereza, cortados a la mitad
3 jitomates maduros, sin piel y cortados en cuartos
Sal y pimienta recién molida
1 limón en conserva, cortado en tiras
1 cucharada de cilantro fresco, picado
Cuscús recién cocido, para acompañar

33

RINDE de 4 a 6 porciones

PREPARACIÓN 15 minutos

COCCIÓN 1 hora

DIFICULTAD grado 2

Curry de Pollo

con verduras y cacahuates

En una sartén caliente u horno holandés, caliente el aceite sobre fuego medio. Añada el pollo y saltee 7 ó 9 minutos, hasta que la carne esté blanca. Retire el pollo y reserve. • Añada la cebolla, el ajo y el jengibre y saltee alrededor de 5 minutos, hasta que la cebolla se suavice. • Agregue la sal, la páprika, el chile y la cúrcuma. Añada los pimientos y el puré de jitomate y saltee aproximadamente 5 minutos, hasta que los pimientos se empiecen a marchitar. • Regrese el pollo a la sartén y añada los frijoles, el cubo de caldo de pollo y el agua hirviendo. Tape y deje hervir sobre fuego bajo aproximadamente 45 minutos, hasta que el pollo esté suave. • Justo antes de que el pollo esté listo coloque la crema de cacahuate en un tazón pequeño y agregue ½ taza (125 ml) del líquido de cocimiento, moviéndolo hasta que esté suave. • Integre la mezcla de cacahuate a la salsa. Adorne el plato con cilantro y chiles y sirva bien caliente acompañando con arroz o pan naan

4 cucharadas de aceite de cacahuate

1 pollo mediano (aproximadamente 1.5 kg/3 lb), lavado y cortado en 8 piezas

1 cebolla grande, sin piel y picada

2 dientes de ajo, finamente picados

1 cucharadita de jengibre, finamente picado

1 cucharadita de sal

1 cucharadita de páprika dulce

1 cucharadita de chile rojo molido

½ cucharadita de cúrcuma molida

2 pimientos (capsicums) rojos, sin semillas, descorazonados y rebanados grueso

3 cucharadas de puré de jitomate

1 taza (100 g) de frijol ojo de vaca, remojado toda la noche y escurrido

1 taza (100 g) de frijol de lima, remojado toda la noche y escurrido

1 cubo de caldo de pollo

6 tazas (1.5 l) de agua hirviendo

½ taza (125 g) de crema de cacahuate

1 manojo de cilantro fresco, finamente picado

2 chiles jalapeños frescos, sin semillas y picados

Arroz basmati recién cocido o pan naan, para acompañar

RINDE 4 porciones
PREPARACIÓN 25 minutos + 2 horas
para marinar
COCCIÓN 1 hora 15 minutos
DIFICULTAD grado 2

Tajín

de res con limones en conserva

En un tazón grande mezcle la carne de res con el ajo, jengibre, harina, comino, chile en polvo, sal, hinojo, pimienta y cúrcuma. Mézclelo bien hasta asegurarse de que la carne esté bien cubierta. Déjelo reposar 2 horas. • En una sartén o tajín grande sobre fuego medio caliente el aceite. Añada las cebollas y saltee alrededor de 5 minutos, hasta que estén suaves. • Añada la carne de res y las rebanadas de limón. Saltee sobre fuego alto 7 ó 9 minutos, hasta que se dore. • Agregue el caldo y tape. Déjelo hervir a calor bajo 15 minutos y añada las papas. Continúe cocinando aproximadamente 45 minutos, hasta que la carne y las papas estén suaves. • Sírvalo bien caliente con el cuscús.

750 g (1 $\frac{1}{2}$ lb) de bistec de res, cortado en trozos pequeños

2 dientes de ajo, finamente picados

1 cucharadita de jengibre fresco, picado

$\frac{1}{2}$ taza (75 g) de harina de trigo (simple)

1 cucharadita de semillas de comino, molidas

$\frac{1}{2}$ cucharadita de chile en polvo

1 cucharadita de sal

$\frac{1}{2}$ cucharadita de semillas de hinojo, molidas

$\frac{1}{2}$ cucharadita de pimienta recién molida

$\frac{1}{2}$ cucharadita de cúrcuma molida

$\frac{1}{4}$ taza (60 ml) de aceite de oliva extra virgen

2 cebollas grandes, finamente picadas

1 limón en conserva, en rebanadas delgadas

2 papas grandes, en rebanadas gruesas

2 tazas (500 ml) de caldo de res

Cuscús recién cocido

RINDE 4 porciones

PREPARACIÓN 20 minutos

COCCIÓN 2 horas

DIFICULTAD grado 1

Curry de Res

En un procesador de alimentos ponga 5 de los chiles, los chalotes, el ajo, el jengibre, y los granos de pimienta negra y pique hasta obtener una pasta tersa. • En una sartén grande coloque las especias molidas, la carne, la leche de coco, el jugo de limón, la canela, el cardamomo y la sal. Tape y deje que se cocine sobre fuego bajo aproximadamente 2 horas, hasta que la carne esté suave. • Rebane el chile restante y espolvoree sobre la carne. • Sírvalo bien caliente con el arroz.

6 chiles rojos frescos

10 chalotes, sin piel

8 dientes de ajo

1 trozo de aproximadamente 2.5 cm (1 in) de jengibre, sin piel

2 cucharaditas de granos de pimienta negra

1 kg (2 lb) de aguja de ternera, cortada en cubos pequeños

4 tazas (1 litro) de leche de coco sin edulcorantes

Ralladura y jugo de 3 limones

3 rajas de canela

4 vainas de cúrcuma, amartajadas

1 cucharadita de sal

Arroz basmati recién cocido, para acompañar

RINDE de 4 a 6 porciones

PREPARACIÓN 30 minutos

COCCIÓN 40 minutos

DIFICULTAD grado 1

Chile Vegetariano

con yogurt y cilantro

En una sartén grande sobre fuego medio, caliente el aceite. Añada las semillas de comino y tuéstelas alrededor de 2 minutos, hasta que aromaticen. • Agregue las cebollas, el apio, el ajo y el chile verde y cocine aproximadamente 5 minutos, hasta que las cebollas estén suaves. • Añada los pimientos rojos, las calabacitas, la berenjena, los hongos y los jitomates. Tape y cocine a fuego medio alrededor de 5 minutos, hasta que las verduras comiencen a suavizarse. • Agregue el puré de jitomate, la salsa de chile, el chile en polvo, el comino, el cilantro y la sal. Mezcle hasta integrar y añada los frijoles. Tape y cocine aproximadamente 25 minutos, hasta que las verduras estén suaves, moviendo ocasionalmente durante el cocimiento. • Agregue el yogurt, el jugo de limón y el cilantro fresco. Sírvalo bien caliente sobre el arroz cocido.

2 cucharadas de aceite de oliva extra virgen

1 cucharadita de semillas de comino

1 cebolla grande, finamente rebanada

2 tallos de apio, picados

2 dientes de ajo, finamente picados

1 cucharadita de pasta de chile verde

$1/2$ pimiento (capsicum) rojo, sin semillas, descorazonado y rebanado

$1/2$ pimiento (capsicum) verde, sin semillas, descorazonado y rebanado

2 calabacitas (courgettes), lavadas y cortadas grueso

1 berenjena (aubergine) mediana, sin piel y picada

250 g (8 oz) de champiñones, cortados en cuartos

2 latas (400 g/14 oz) de jitomates, picados y con su jugo

1 cucharada de puré de jitomate

1 cucharada de salsa de chile dulce

1 cucharadita de chile en polvo rojo

1 cucharadita de semillas de comino molido

2 cucharaditas de semillas de cilantro en polvo

1 cucharadita de sal

1 lata (400 g/14 oz) de frijoles rojos, escurridos

1 cucharadita de yogurt natural

El jugo de 1 limón

1 manojo de cilantro fresco, finamente picado

Arroz de grano largo recién cocido

RINDE 4 porciones

PREPARACIÓN 15 minutos

COCCIÓN 35 minutos

DIFICULTAD grado 1

Curry de Camarones

con mango fresco

Caliente el aceite en un horno holandés o sartén sobre fuego medio. Añada los chiles y el cardamomo y saltee 2 minutos. • Añada las hojas de curry, si las usa, y saltee 30 segundos. • Agregue las cebollas, el ajo, el jengibre y el garam masala. Saltee un minuto más. • Agregue los jitomates y el agua. Hierva a fuego lento aproximadamente 15 minutos, hasta espesar. • Añada los mangos y la leche de coco. Deje hervir a fuego lento 10 minuto más. • Incorpore los camarones y hierva a fuego lento de 3 a 5 minutos, hasta que tomen un tono rosado. • Sirva bien caliente sobre el arroz.

$^1/_4$ taza (60 ml) de aceite de cacahuate

4 chiles rojos frescos, sin semillas y finamente picados

5 vainas de cardamomo

2 hojas de curry (opcional)

2 cebollas, muy finamente picadas

4 dientes de ajo, muy finamente picados

1 rebanada pequeña de raíz de jengibre, muy finamente picada

2 cucharadas de garam masala

2 tazas (500 g) de jitomates de lata, picados y con su jugo

$^1/_2$ taza (125 ml) de agua

2 mangos frescos, sin piel y cortados en trozos pequeños

1 $^2/_3$ taza (400 ml) de leche de coco sin edulcorante

300 g (12 oz) de camarones (langostinos), sin piel

Arroz basmati recién cocido, para acompañar

Curry Ligero

con pollo y pimientos

En una sartén grande, caliente el aceite sobre calor medio. Añada las cebollas y el ajo y saltee aproximadamente 5 minutos, hasta que se suavicen. •Añada las piezas de pollo y saltee 7 u 8 minutos, hasta que la carne esté blanca. • Agregue los pimientos, los jitomates y el polvo de curry y sazone con sal y pimienta. Tape y deje hervir sobre fuego bajo por 15 minutos. • Añada la leche de coco y el perejil. Deje hervir a fuego lento alrededor de una hora, hasta que el pollo esté suave. • Acomode el arroz en un platón de servir grande y bañe con el curry. • Sírvalo bien caliente.

4 cucharadas de aceite de cacahuate

1 cebolla grande, picada grueso

2 dientes de ajo, finamente picados

1.5 kg (3 lb) de piezas de pollo

2 pimientos (capsicums) rojos, sin semillas y cortados en tiras

2 jitomates grandes, sin piel y picados

1 cucharada de curry ligero en polvo

Sal y pimienta recién molida

1/2 taza (125 ml) de leche de coco sin edulcorantes

1 cucharada de perejil, finamente picado

Arroz basmati recién cocido, para acompañar

RINDE 4 porciones

PREPARACIÓN 15 minutos

COCCIÓN 45 minutos

DIFICULTAD grado 1

Curry Vegetariano

con arroz integral

En una olla grande, caliente el aceite sobre fuego medio. Añada la mostaza y las semillas de comino, moviendo, aproximadamente 3 minutos, hasta que aromatice. • Añada los chiles, el ajo, el jengibre y las cebollas y saltee alrededor de 5 minutos, hasta que las cebollas suavicen. • Agregue las calabazas, las papas, el angú, el calabacín y los champiñones. Sazone con la pimienta blanca, la sal, la salsa inglesa y la salsa de soya. Integre con el caldo. Tape y deje hervir a fuego lento alrededor de 30 minutos, hasta que las verduras estén suaves. El líquido se debe reducir un poco en volumen y los vegetales deben estar suaves. • Añada la crema y deje hervir a fuego lento 5 minutos más. • Adorne con el cilantro y sirva bien caliente sobre el arroz integral.

2 cucharadas de aceite de cacahuate

$1/2$ cucharadita de semillas de mostaza

$1/2$ cucharadita de semillas de comino

2 chiles verdes frescos, cortados en hojuelas largas

2 dientes de ajo, finamente picados

1 cucharadita de jengibre fresco, finamente picado

2 cebollas, finamente picadas

1 calabacín o 4 calabacitas (courgettes), cortadas en cubos pequeños

2 papas grandes, sin piel y cortadas en cubos pequeños

125 g (4 oz) de angú limpio, recortado, lavado y rebanado a la mitad

125 g (4 oz) de calabaza o calabacines de invierno, sin piel ni semillas y lavados

125 g (4 oz) de champiñones, picados

$1/2$ cucharadita de pimienta blanca

1 cucharadita de sal

1 cucharada de salsa inglesa

2 cucharadas de salsa de soya oscura

2 cucharadas (500 ml) de caldo de verdura hirviendo

$1/2$ taza (125 ml) de crema ligera

1 manojo de cilantro fresco, finamente picado

Arroz integral recién cocido, para acompañar

RINDE 4 porciones

PREPARACIÓN 15 minutos

COCCIÓN 35 minutos

DIFICULTAD grado 1

Tajín de Bacalao Seco

con papas y hierbas

En una sartén o tajín grande sobre fuego medio, caliente el aceite. Añada la cebolla, el ajo y el jengibre y saltee aproximadamente 5 minutos, hasta que la cebolla se suavice. • Agregue el agua y añada las papas, el bacalao, la menta, el perejil, la sal y la pimienta. Tape y deje hervir a fuego lento alrededor de 30 minutos, hasta que las papas y el bacalao se suavicen. • Sirva bien caliente.

4 cucharadas de aceite de oliva extra virgen

2 cebollas grandes, finamente picadas

4 dientes de ajo, finamente picados

1 cucharada de jengibre fresco, finamente picado

2 tazas (500 ml) de agua

500 g (1 lb) de papas, sin piel y cortadas en cubos pequeños

750 g (1½ lb) de bacalao seco en sal, remojado, cortado en cubos pequeños

1 taza (1 oz) de menta o hierbabuena, picada

1 taza (1 oz) de perejil, picado

Sal

1 cucharada de pimienta blanca recién molida

RINDE 4 porciones

PREPARACIÓN 35 minutos

COCCIÓN 50 minutos

DIFICULTAD grado 2

Tajín al Horno

con cordero y vegetales

Caliente una parilla a fuego alto. Ase los pimientos alrededor de 10 minutos, hasta que estén carbonizados por todos lados, volteándolos a menudo. • Coloque los pimientos en una bolsa de papel de estraza o envuélvalos en toallas de papel dentro de una bolsa de plástico. Cierre y deje reposar 10 minutos. Retire los pimientos de la bolsa, pélelos y quíteles las semillas. • Córtelos en rebanadas gruesas. • En una sartén grande, caliente el aceite sobre fuego medio. Añada el cordero y saltee alrededor de 5 minutos, hasta que quede bien sellado por todos los lados. Sazone con sal. • Agregue la canela, el harissa y la pimienta. Mezcle hasta integrar y saltee alrededor de 10 minutos, hasta que la carne esté casi cocida. • Añada la cebolla y deje cocinar aproximadamente 5 minutos, hasta que esté suave. • Agregue ½ taza (125 ml) de agua y deje hervir a fuego lento alrededor de 3 minutos, hasta que se evapore. Retire del fuego. • Precaliente el horno a 200°C (400°F/gas 6). Engrase con aceite un refractario. • Bata los huevos en un tazón grande. Sazone con sal y pimienta. Añada la mezcla de cordero, el parmesano, los jitomates, los pimientos, el pan molido y el ajo. Revuelva hasta integrar y póngalo en el refractario preparado. Hornee alrededor de 20 minutos, hasta que esté bien cocido y ligeramente dorado. • Sirva bien caliente.

6 pimientos (capsicums) verdes

3 jitomates grandes maduros, sin piel y cortados grueso

2 cucharadas de aceite de oliva extra virgen

350 g (14 oz) de cordero deshuesado, cortado en cubos pequeños

Sal

½ cucharadita de canela molida

1 cucharadita de harissa

Pimienta negra recién molida

½ cebolla pequeña, finamente picada

6 huevos grandes

½ taza generosa (75 g) de queso parmesano, recién rallado

2 tazas (120 g) de pan molido fresco

3 dientes de ajo, finamente picados

RINDE 4 porciones

PREPARACIÓN 20 minutos

COCCIÓN 1 hora 15 minutos

DIFICULTAD grado 1

Curry de Res

con arroz y verduras

En una sartén grande caliente el aceite sobre fuego medio. Añada la carne de res y saltee 7 ó 9 minutos, hasta que se dore por todos lados. • Añada los jitomates, los chalotes, las zanahorias, las espinacas y el curry o garam marsala. Integre el agua y deje a que hierva. Tape y deje que se cocine a fuego bajo aproximadamente 45 minutos, hasta que la carne se empiece a suavizar. Añada más agua si la salsa se seca demasiado. • Añada el arroz y mézclelo hasta integrar. Tape y deje hervir sobre fuego bajo alrededor de 20 minutos, hasta que el arroz esté suave y haya absorbido todo el líquido. • Sazone con sal y pimienta. Sirva bien caliente con la salsa de especias o la salsa o chutney.

- 3 cucharadas de aceite de oliva extra virgen
- 1 kg (2 lb) de carne de res magra, cortada en trozos pequeños
- 2 jitomates maduros, sin piel y picados
- 3 chalotes, finamente picados
- 3 zanahorias grandes, rebanadas
- 400 g (14 oz) de espinaca, picada en trozos grandes
- 1 ó 2 cucharaditas de polvo de curry o garam marsala
- 2 tazas (500 ml) de agua hirviendo o la necesaria
- 1½ taza (300 g) de arroz de grano largo
- Sal y pimienta recién molida
- Salsa a base de especias o chutney, para acompañar

Curry de Piña

con coco

Pasta de Especias: En un mortero o molcajete muela los chiles, las semillas de cilantro, el ajo, los chalotes, la cúrcuma y el jengibre. • Curry: En una sartén o en un wok grande, caliente el aceite y saltee la pasta de especias hasta que aromatice. • Añada la leche de coco y déjela hervir, moviendo constantemente. • Agregue la piña, anises estrella, la canela, los clavos, la nuez moscada, el té limón y el jugo de limón. Sazone con sal y pimienta. Deje que se cocine a fuego medio alrededor de 5 ó 7 minutos, hasta que la piña esté bien cocida. • Agregue la crema de coco y cocine 2 ó 3 minutos más. • Pase a un platón precalentado. • Adorne con los chalotes y sírvalo caliente acompañando con el arroz.

Pasta de especias:
4 ó 6 chiles secos, molidos
1 cucharadita de semillas de cilantro
2 dientes de ajo, finamente picados
6 chalotes, picados
1 cucharadita de cúrcuma molida
1 cucharada de jengibre fresco, finamente rallado

Curry:
2 cucharadas de aceite de cacahuate
3 tazas (750 ml) de leche de coco sin edulcorantes
1 piña, cortada en cubos
2 anises estrella, partidos en trozos grandes
1 raja de canela
$1/4$ cucharadita de clavos molidos
$1/4$ cucharadita de nuez mocada molida
1 vara de té limón (lemongrass), finamente picado
1 cucharada de jugo de limón
Sal y pimienta negra recién molida

$1/2$ taza (125 ml) de crema de coco
2 chalotes ligeramente fritos, para decorar
Arroz basmati recién cocido, para acompañar

RINDE de 4 a 6 porciones

PREPARACIÓN 25 minutos

COCCIÓN 1 hora

DIFICULTAD grado 1

Curry de Puerco

con vegetales y plátanos

En un tazón grande ponga la carne de puerco. Añada la cebolla, el ajo, la mitad del chile y la mitad del polvo de curry. Sazone con sal y pimienta. Añada el vinagre y mezcle. Tape y déjelo marinar durante una hora. • En una sartén grande sobre fuego medio, caliente el aceite. Añada el puerco y saltee alrededor de 6 a 8 minutos, hasta que se dore por todos los lados. • Retire los ajos de la marinada y deseche. Agregue la marinada a la sartén y mezcle. Añada el chile y el polvo de curry restante, el apio, las cebollitas de cambray, el tomillo, las calabacitas, las zanahorias, la berenjena y las papas. Revuelva hasta integrar por completo. Agregue suficiente agua para que cubra los ingredientes en la sartén. Cuando suelte el hervor reduzca el fuego y hierva a fuego lento cerca de 45 minutos, hasta que la carne esté suave y la salsa se haya espesado ligeramente. • Retire la sartén del fuego y añada la mitad del jugo de limón. • Pele y rebane el plátano y póngalo en un tazón. Añada el jugo de limón restante y mezcle hasta integrar. Acomode el arroz cocido sobre un platón. Cubra con el curry de puerco y adorne con las rebanadas de plátano. Sirva caliente.

2 kg (2 lb) de filete de puerco, cortado en cubos pequeños

1 cebolla grande, rebanada

6 dientes de ajo, machacados pero enteros

1 chile rojo, sin semillas y picado

2 cucharadas de polvo de curry

Sal y pimienta negra recién molida

3 cucharadas de vinagre de vino blanco

1/2 taza (60 ml) de aceite de oliva extra virgen

4 ramas de apio, rebanadas

5 cebollitas de cambray, picadas

1 cucharadita de tomillo fresco, picado

2 calabacitas (courgettes) grandes, rebanadas

2 zanahorias grandes, sin piel y rebanadas

1 berenjena (aubergine), cortada en cubos pequeños

2 papas, sin piel y cortadas en cubos pequeños

El jugo de un limón

1 plátano grande

Arroz basmati recién cocido, para acompañar

RINDE 4 porciones

PREPARACIÓN 20 minutos

COCCIÓN 1 hora 20 minutos

DIFICULTAD grado 1

Tajín de Cordero

con pistaches

En una sartén grande sobre fuego medio, caliente el aceite. Añada la cebolla y saltee alrededor de 5 minutos, hasta que esté suave. • Agregue el cordero y saltee de 7 a 9 minutos, hasta que esté ligeramente dorado. • Incorpore el azafrán, el jengibre, la canela, el cilantro y el comino. • Agregue el caldo de res, tape y hierva a fuego bajo alrededor de una hora, hasta que la carne esté suave. • Añada los pistaches y las pasitas. Cocine sobre fuego medio durante 5 minutos más, moviendo constantemente. • En un platón acomode el arroz. Cubra con el tajín y adorne con pistaches. Sirva bien caliente.

2 cucharadas de aceite de oliva extra virgen

2 cebollas grandes, rebanadas

750 g (1½ lb) de cordero magro, cortado en trozos pequeños

Una pizca de hilos de azafrán

1 cucharadita de jengibre molido

1 cucharadita de canela molida

1 cucharadita de cilantro molido

1 cucharadita de comino molido

¾ taza (200 ml) de caldo de res

⅔ taza (100g) de pistaches blanqueados

½ taza (100 g) de pasitas doradas (sultanas)

Arroz de grano largo recién cocido

1 cucharada de pistaches, picados, para decorar

Tajín de Cordero
con dátiles

En una sartén grande sobre calor medio, derrita la mantequilla. •
Saltee el cordero, las cebollas y el ajo 8 ó 10 minutos, hasta que estén
ligeramente dorados. • Añada el jengibre, la cúrcuma y la sal. Agregue
el agua, tape y deje hervir a fuego bajo 35 ó 40 minutos, hasta que
el cordero esté suave. • Integre los dátiles, miel, y canela. • Destape y
cocine a fuego bajo alrededor de 15 minutos, hasta que los dátiles se
suavicen y la salsa se espese. • Sirva bien caliente adornando con las
semillas de ajonjolí.

$1/3$ taza (90 g) de mantequilla

2 kg (4 lb) de pierna de cordero
  deshuesada, cortada en piezas
  pequeñas

5 cebollas, finamente picadas

2 dientes de ajo, finamente picados

1 cucharadita de jengibre fresco,
  finamente picado

1 cucharadita de cúrcuma molida

sal

$1^{1}/_{2}$ taza (375 ml) de agua

1 kg (2 lb) de dátiles deshuesados

3 cucharadas de miel de abeja

1 cucharadita de canela molida

2 cucharadas de semillas de ajonjolí,
  tostadas

RINDE de 4 a 6 porciones
PREPARACIÓN 35 minutos + 30
minutos para marinar
COCCIÓN 1 hora
DIFICULTAD grado 1

Curry de puerco

con papas

Ponga el puerco en un tazón mediano. Añada la cúrcuma e integre. Tápelo y deje marinar durante 30 minutos. • En una olla grande, caliente el aceite sobre calor medio. Añada las cebollas, el ajo y el chile y saltee alrededor de 5 minutos, hasta que las cebollas estén suaves. • Añada el puerco, el comino, el cilantro, el cardamomo y la pimienta negra. Saltee alrededor de 10 minutos, hasta que el líquido se reduzca. Agregue el jengibre, los jitomates y suficiente agua para cubrir los ingredientes en la olla. Tape y hierva a fuego bajo aproximadamente 30 minutos, hasta que la carne esté suave. • Añada las papas y deje hervir a fuego bajo 15 ó 20 minutos, hasta que estén suaves. Sazone con sal y sirva caliente.

1 kg (2 lb) de puerco magro, cortado en trozos pequeños
1 cucharadita de cúrcuma molida
$^1/_2$ taza (60 ml) de aceite de oliva extra virgen
2 cebollas grandes, finamente picadas
2 dientes de ajo, finamente picados
3 chiles rojos, sin semillas y finamente picados
1 cucharadita de comino molido
1 cucharadita de cilantro molido
Semillas de 4 cardamomos verdes
1 cucharadita de granos de pimienta negra, machacados
1 cucharada de jengibre fresco, finamente picado
4 jitomates guaje, sin piel y picados
4 papas grandes, sin piel y cortadas en cubos pequeños
Sal

Curry de pato

estilo tai

Pasta de Curry: En un procesador de alimentos ponga todos los ingredientes de la pasta de curry y procese hasta obtener una pasta suave. • En una olla grande sobre fuego medio, caliente el aceite. Añada la pasta de curry y saltee 5 minutos. • Añada el pato y saltee aproximadamente 3 minutos hasta que se selle por todos lados. • Agregue la leche de coco y el caldo. Caliente y cuando suelte el hervor reduzca a fuego bajo y hierva 5 minutos. • Añada la calabaza. Deje hervir a fuego lento alrededor de 15 minutos, hasta que el pato y la calabaza estén suaves. • Retire del fuego e incorpore la salsa de pescado y el jugo de limón. • Coloque el arroz en un platón y cubra con el curry de pato. Sirva bien caliente.

Pasta de Curry:

6 chiles rojos, sin semillas y picados

3 dientes de ajo, finamente picados

3 tallos de té limón, finamente picados

3 cebollitas de cambray, finamente picadas

2 cucharadas de jengibre fresco, finamente picado

1 cucharada de cilantro, finamente picado

1 cucharadita de comino molido

1 cucharadita de semillas de cilantro molido

Ralladura de limón

1 cucharada de salsa tai de pescado

2 cucharadas de aceite de cacahuate

500 g (1 lb) de pechugas de pato, sin piel y cortadas en trozos pequeños

1 ²/₃ taza (400 ml) de leche de coco sin edulcorantes

1 taza (500 ml) de caldo de pollo

500 g (1 lb) de calabaza, sin piel, sin semillas y cortada en cubos pequeños

2 cucharadas de salsa de pescado tai

El jugo de 1 limón

Arroz tai recién cocido, para acompañar

RINDE 4 porciones

PREPARACIÓN 15 minutos

COCCIÓN 35 minutos

DIFICULTAD grado 1

Curry de Papa

con coco

En una olla mediana tueste el comino, las semillas de alholva y los chiles durante 2 ó 3 minutos. • Añada la cebolla y una cucharada de ghee. Saltee sobre fuego alto durante 2 ó 3 minutos. • Retire la sartén del fuego y muela los ingredientes con 2 cucharadas de agua en un procesador de alimentos o en una licuadora, hasta obtener una mezcla tersa. • Derrita el ghee restante en la misma sartén y saltee las hojas de curry y las semillas de mostaza durante 30 segundos. • Integre la pasta de especias, las papas, la cúrcuma, el coco y el agua restante. Sazone con sal. Tape y hierva a fuego lento 25 ó 30 minutos, hasta que las papas estén suaves. Añada más agua durante la cocción si fuera necesario. • Sirva bien caliente.

500 g (1 lb) de papas cambray, rebanadas
1 cucharadita de semillas de comino
1/2 cucharadita de semillas de alholva (fenogreco)
2 chiles rojos secos, desmoronados
1 cebolla, finamente picada
3 cucharadas de ghee (mantequilla clarificada)
1 taza (250 ml) de agua o más si fuera necesario
8 hojas de curry
1 cucharadita de semillas de mostaza
1/2 cucharadita de cúrcuma molida
2 cucharadas de coco seco, rallado
Sal

Curry de Res

con cacahuates

RINDE 4 porciones

PREPARACIÓN 35 minutos

COCCIÓN 1 hora 15 minutos

DIFICULTAD grado 2

En una sartén gruesa sobre fuego bajo tueste el comino, las semillas de cilantro, las semillas de alcaravea, la canela y los clavos durante 3 minutos. • Pase las especias tostadas al vaso de una licuadora. Añada la pasta de camarón, el ajo, la cebolla, las hojas de laurel, el chile y la nuez moscada. Licue hasta hacer una pasta suave. • Remoje el tamarindo en 1/2 taza (125 ml) de agua caliente por 15 minutos. Retire el tamarindo presionándolo para extraerle todo el líquido y deseche. • Derrita la crema de coco en 2 tazas (500 ml) de agua caliente. • En una sartén grande sobre fuego medio coloque la carne. Añada la mezcla de coco, la salsa de pescado y los cacahuates. Mezcle hasta integrar por completo. Tape y deje hervir sobre fuego bajo aproximadamente una hora, hasta que la carne esté suave. • Agregue la pasta de especias, el agua de tamarindo y el azúcar. Sazone con sal. Hierva a fuego medio aproximadamente 10 minutos, hasta que la salsa se espese. • Decore con cacahuates y sirva caliente.

1 cucharada de semillas de comino
1 cucharada de semillas de cilantro
1/2 cucharada de semillas de alcaravea
1/2 raja de canela
2 clavos
1 cucharada de pasta de camarón
2 dientes de ajo, finamente picados
1 cebolla grande, finamente picada
2 hojas de laurel
1 chile rojo, sin semillas y desmoronado
1/2 cucharadita de nuez moscada, rallada
2 cucharadas de pasta de tamarindo
1/3 taza (90 ml) de crema de coco
1 kg (2 lb) de carne magra de res, cortada en trozos pequeños
1 cucharada de salsa de pescado
2/3 taza (100 g) de cacahuates asados sin sal
1 cucharada de azúcar morena
2 cucharadas de cacahuates, para adornar

RINDE de 4 a 6 porciones

PREPARACIÓN 20 minutos

COCCIÓN 40 minutos

DIFICULTAD grado 2

Tajín de Res

con garbanzos

En una sartén grande sobre fuego medio, caliente el aceite. Añada la carne y saltee 7 ó 9 minutos, hasta que se dore por todos lados. Reserve. • Añada la cebolla a la sartén y saltee aproximadamente 5 minutos, hasta que se suavice. • Agregue el ajo, el comino, el jengibre, la cúrcuma, la canela, el chile y la nuez moscada. Mezcle y saltee alrededor de 3 minutos, hasta que el ajo esté ligeramente dorado. • Incorpore la carne, los garbanzos y el consomé de res. Tape y deje hervir a fuego bajo alrededor de 90 minutos, hasta que la carne y el garbanzo estén suaves. Si la salsa empieza a secarse durante la cocción añada más caldo. • Incorpore los dátiles y la miel. Mezcle hasta integrar y hierva a fuego bajo alrededor de 10 minutos, hasta que la salsa esté ligeramente espesa. • Adorne con el cilantro y sirva bien caliente.

$1/4$ taza (60 ml) de aceite de oliva extra virgen

1 kg (2 lb) de carne magra de res, cortada en trozos pequeños

2 cebollas grandes, finamente picadas

4 dientes de ajo, finamente picados

1 cucharadita de comino molido

1 cucharadita de jengibre molido

1 cucharadita de cúrcuma molida

1 cucharadita de canela molida

$1/2$ cucharadita de chile rojo seco, molido

$1/2$ cucharadita de nuez moscada fresca, molida

1 taza (100 g) de garbanzo seco, remojado en agua durante toda la noche y escurrido

6 tazas (1.5 l) de consomé de res, más el necesario

$1/2$ taza (80 g) de dátiles picados

$1/4$ taza (60 g) de miel de abeja

Cilantro fresco, para adornar

RINDE de 4 a 6 porciones

PREPARACIÓN 30 minutos

COCCIÓN 1 hora 25 minutos

DIFICULTAD grado 2

Tajín de Cordero

con frutas secas

En una sartén o en un tajín grande, caliente el aceite sobre fuego medio. Añada la cebolla, el ajo y el jengibre. Saltee alrededor de 5 minutos, hasta que la cebolla esté suave. • Agregue el cordero y saltee 7 ó 9 minutos, hasta que esté dorado por todos lados. • Integre los pimientos, los jitomates, el azafrán, la páprika, el comino, los chabacanos, las ciruelas pasas, el chile y el cilantro. Sazone con sal y pimienta y mezcle hasta integrar. Añada suficiente agua para cubrir la carne. Tape y deje hervir sobre fuego bajo alrededor de 15 minutos, hasta que la salsa espese. • Haga una cama de cuscús sobre un platón y agregue el tajín. • Sírvalo bien caliente.

2 cucharadas de aceite de oliva extra virgen

2 cebollas medianas, picadas

4 dientes de ajo, finamente picados

1 cucharadita de raíz de jengibre fresco, rallada

1 kg (2 lb) de lomo de cordero, deshuesado y cortado en trozos pequeños

1 pimiento (capsicum) rojo, sin semillas y picado

1 pimiento (capsicum) verde, sin semillas y picado

500 g (1 lb) de jitomates, sin piel y cortados en trozos

1 pizca de hilos de azafrán

1 cucharadita de páprika

1 cucharadita de semillas de comino

$1/3$ taza (60 g) de chabacanos secos, cortados en trozos

$1/3$ taza (60 g) de ciruelas pasas, sin hueso y cortadas en trozos

1 chile rojo, sin semillas y picado

3 cucharadas de cilantro fresco, finamente picado

Sal y pimienta negra recién molida

Cuscús recién cocido, para acompañar

RINDE de 4 a 6 porciones

PREPARACIÓN 15 minutos

COCCIÓN 1 hora 10 minutos

DIFICULTAD grado 1

Tajín de Pato

con higos

En una sartén o en un tajín sobre fuego medio, derrita la mantequilla.
• Saltee el pato, las cebollas y el ajo durante 8 ó 10 minutos o hasta
que esté bien dorado. • Añada el jengibre, cúrcuma y sal. Agregue el
agua. • Tape y cocine a fuego bajo durante 40 ó 45 minutos o hasta
que el pato esté suave. • Añada la miel y la canela y cocine durante
10 minutos. • Agregue los higos y cocine 5 minutos más.
Sírvalo bien caliente.

1 ²/₃ taza (400 g) de higos secos, cortados en cuartos

¹/₃ taza de mantequilla (90 ml)

1 pato de aproximadamente 2 kg (4 lb), cortado en 8 piezas

2 cebollas, finamente picadas

2 dientes de ajo, finamente picados

1 cucharadita de jengibre, finamente picado

1 cucharadita de cúrcuma molida

Sal al gusto

1¹/₂ taza (375 ml) de agua

2 cucharadas de miel de abeja

1 cucharadita de canela molida

850 g (1 ²/₃ lb) de higos frescos, picados

Índice

Camarones con chile con fideo de arroz, 14

Camarones salteados con cuscús, 8

Chile vegetariano con yogurt y cilantro, 38

Curry de camarones con mango fresco, 40

Curry de cordero con almendras y cardamomo, 12

Curry de mariscos con leche de coco, 18

Curry de papa con coco, 56

Curry de pato estilo tai, 55

Curry de piña con coco, 49

Curry de pollo con coco y piña, 6

Curry de pollo con verduras y

cacahuates, 34

Curry de puerco con papas, 54

Curry de puerco con vegetales y plátanos, 50

Curry de res, 37

Curry de res con arroz y verduras, 48

Curry de res con cacahuates, 58

Curry de res con pimientos y cebollitas de cambray, 4

Curry de verduras con cuscús, 13

Curry hindú con camarones gigantes, 19

Curry ligero con pollo y pimientos, 41

Curry vegetariano con arroz integral, 42

Curry verde con coco y camarones, 16

Curry verde con pollo y ejotes, 5

Cuscús con pimientos y papas, 30

Estofado de res sazonado con plátano y leche de coco, 24

Horneado sencillo con pollo y chabacanos, 26

Salteado de camarones con nueces y chutney de mango, 10

Salteado tropical con arroz y camarones, 9

Tajín al horno con cordero y vegetales, 47

Tajín con pescado rape marinado, 33

Tajín de bacalao seco con papas y hierbas, 44

Tajín de cordero con dátiles, 53

Tajín de cordero con frutas secas, 60

Tajín de cordero con pasas, almendras y miel de abeja, 20

Tajín de cordero con pistaches, 52

Tajín de pato con higos, 62

Tajín de pollo con calabacitas y aceitunas, 27

Tajín de pollo con fruta, 28

Tajín de pollo con garbanzos y cebollas, 23

Tajín de res con garbanzos, 59

Tajín de res con limones en conserva, 36

Derechos registrados © 2007 por Mc Rae Books Srl

Primera edición en inglés publicada en 2007

Importado y publicado en México en 2009 por DEGUSTIS

Un sello editorial de

Advanced Marketing, S. de R.L. de C.V.

Calzada San Francisco Cuautlalpan No. 102 Bodega "D"

Col. San Francisco Cuautlalpan, Naucalpan de Juárez

Edo. de México, C.P. 53569

Derechos reservados. Ninguna parte de este libro se puede reproducir de ninguna manera sin la autorización previa por escrito del editor y dueño de los derechos registrados.

Título Original/Original Title: Currys y Tajines/Curries & Tajines

creado y producido por McRae Books Srl

Borgo Santa Croce, 8 – Florencia (italia)

Editores: Anne McRae and Marco Nardi

Director de Proyecto: Anne McRae

Diseño: Sara Mathews

Texto: Carla Bardi

Edición: Osla Fraser

Fotografía: Mauro Corsi, Leonardo Pasquinelli, Gianni Petronio, Lorenzo Borri, Stefano Pratesi

Administrador: Benedetto Rillo

Corredor de Arte: McRae Books

Layouts: Adina Stefania Dragomir

Traducción: Laura Cordera L y Concepción O. de Jourdain

ISBN 970-718-528-7

ISBN13: 978-970-718-528-9

Fabricado e impreso en China el 2 de marzo 2009 por /Manufactured and printed in China on March 2nd, 2009 by: C&C Joint Printing Co. Ltd., 3333 Cao Ying Road, 201700 Quingpu, Shanghai.